厦门社科丛书编委会

顾　　问：洪碧玲

主　　任：朱崇实

副 主 任：林书春　张亚梅

常务副主任：陈家传

委　　员：苏文金　邱太厦　黄　强　陈二加　洪英士　潘力方
　　　　　陈怀群　王　琰　陈宝安　蔡　旗　李　桢

"厦门社科丛书·鼓浪屿历史文化系列"编辑部

学术顾问(按姓氏笔划排序)：

　　　　　何丙仲　何其颖　陈明光　陈嘉明　林兴宅
　　　　　郑小瑛　洪卜仁　黄　猷　龚　洁　彭一万

主编、总审稿：黄　猷

编 辑 部 主 任：张亚梅

编辑部副主任：陈怀群　王　琰

执 行 副 主 任：王　琰　陈仲义

编　　　辑：李　桢　文治平

厦门社科丛书·鼓浪屿历史文化系列

厦门市委宣传部　厦门市社科联　编

鼓浪屿音樂

Gulangyu Lishi Wenhua Xilie

彭一万　著

厦门大学出版社

XIAMEN UNIVERSITY PRESS

位于鼓浪屿的厦门市音乐学校（黄 橙 摄）

钢琴是鼓浪屿的灵魂（黄 橙 摄）

鼓浪屿音乐厅（周荣彬 摄）

鼓浪屿音乐

彭一万 著

鼓浪屿钢琴博物馆（林丹娅 摄）

钢琴博物馆收藏的钢琴（黄 橙 摄）

八卦楼——鼓浪屿风琴博物馆

风琴博物馆收藏的管风琴（黄 橙 摄）

鼓浪屿音乐

彭一万 著

第二届中国音乐金钟奖暨鼓浪屿钢琴艺术节(姚 凡 摄)

鼓浪屿钢琴节

第四届世界合唱比赛鼓浪屿音乐厅分会场(姚 凡 摄)

海天堂构里的南音表演（黄 橙 摄）

龙头路上的音乐晚会广告牌
（黄 橙 摄）

韩熙载夜宴图
重现菽庄花园
（黄 橙 摄）

鼓浪屿音乐

彭一万 著

天主堂

三一堂

福音堂

鼓浪屿音乐深受西方宗教影响。图为
鼓浪屿的三个教堂（黄 橙 摄）

总 序

　　"国民之魂，文以化之；国家之神，文以铸之。"文化是一个民族的根，一个民族的魂，是国家发展、民族振兴的重要支撑。当今时代，文化越来越成为民族凝聚力和创造力的重要源泉，越来越成为综合国力竞争的重要因素。

　　厦门是一个具有一定历史文化积淀的现代化港口风景旅游城市，物华天宝，人杰地灵，形成了瑰丽多姿的文化和丰富独特的文化遗产。鼓浪屿素有"海上花园"、"万国建筑博览"、"音乐之乡"，"钢琴之岛"之美誉，是国家级重点风景名胜区。在历史的发展过程中，近现代中西文化在这里汇聚融合，造就了一种既具有深厚的闽南文化传统，又具有浓厚西洋文化特色的文化形态和风格，是厦门独特的历史文化的浓缩和代表。

　　为进一步研究、保护、传承鼓浪屿历史文化，厦门市委宣传部、市社科联聘请了成长于鼓浪屿的福建省社科院原副院长、资深文史专家黄猷先生为总审稿人，联合组织专家学者精心策划、精心研究、精心编撰出版《厦门社科丛书——鼓浪屿历史文化系列》。丛书以史话、风光、建筑、音乐、宗教、原住民、公共租界、侨客、教育、学者等十个专题为主要内容，较客观准确地介绍了鼓浪屿历史文化和风土人情，充分展现了鼓浪屿深厚的文化底蕴和独特魅力，是一套系统研究鼓浪屿历史文化的史料读本和百科全书。相信《厦门社科丛书——鼓浪屿历史文化系列》的出版发行，对于传承、弘扬鼓浪屿历史文化和厦门特色文化，提升厦门市民的人文素质和城市文化软实力以及鼓浪屿申请世界非物质文化遗产都具有重要的意义和积极的作用。

中共厦门市委常委、宣传部长

2010 年 1 月

前　言

　　几年前，我在写作《厦门音乐名家》(厦门大学出版社 2007年 3 月出版) 一书时，发现了四个问题：一是厦门的音乐名家大都出在鼓浪屿，这是特定历史条件下的现象，鼓浪屿享有"音乐之岛"、"钢琴之乡"的盛誉，在某种意义上是当之无愧的；二是厦门本地音乐资料严重不足，有大量资料散失在外地、外国，单个事件、单个人物还算差强人意，串成史志、探究规律、归纳特色，就显得捉襟见肘了；三是厦门音乐的理论研究相对薄弱，音乐人才的培养和引进有"偏门"现象；四是鼓浪屿音乐人才大量流失到国外，一些在国内的音乐家，因为工作繁忙，也难以经常回家乡指导和表演。看来，日后要写厦门音乐史，还得下苦工夫，做更多努力。

　　2007 年夏天，我接到厦门市委宣传部、厦门市社科联下达的一项任务——写一本《鼓浪屿音乐》小册子。起初，我还信心满满地接受下来。待到动笔数日，整天搜索枯肠，还是词不达意。原来，鼓浪屿音乐，主要是西洋音乐，与基督教、与西方文化、与近现代中西文化交流史等的关系太密切了。而我于音乐、于基督教，都是一个门外汉。因此，除了翻阅前几年在欧、美、日、东南亚找到的一些老资料，到网上搜索并至各教会、教堂寻访牧师外，还得跑京、沪、穗、榕、厦的图书馆、档案馆和音乐学院的资料室，甚至到香港、台湾去挖资料。好在，得益于各地专家、学者的支持、指导和帮助，总算逐步将一些资料、照片拿到手。

整理了资料，梳理了思路，便制定标准、确定主题、写出大纲，求教于几位学者，才分章写来。最需要厘清的问题是：为什么西洋音乐独独能在鼓浪屿得到广泛传播并造就了一大批音乐家？近现代西洋音乐在鼓浪屿的传播有什么规律和特点？从中能得到哪些启迪？这自然必须从天时、地利、人文诸方面进行论证。有了史料，还必须忠于史料，准确分析、归纳史料，得出正确的结论。处理史料，必须注意其来龙去脉、因果关系（包括纵向与横向），力求客观、公正。这虽然是基本的常识，却是最起码的史德观念和文化良知。因此，我决心不媚俗，决不以约定俗成的观点和今人的眼光去苛待历史，而要认真考订史实，结合当时的历史背景和实际条件，解释和分析史料，辩证地进行历史评价，亮出自己的观点，尽量做到有史料、有观点，力争自成体系。

鼓浪屿原有民族音乐、地方音乐、佛教音乐、信俗音乐、戏曲音乐，并且相当普及，但进入20世纪后逐步衰弱。虽然一些有识之士也在积极抢救，力图恢复，但终于敌不过西洋音乐的强劲势头而成为弱势音乐。所以本书主要阐述近现代西洋音乐在鼓浪屿的传播及其影响，只将民族音乐、地方音乐等作为背景资料略为提及。然而，不可忽视的事实是，传播到鼓浪屿（乃至全中国）的西洋音乐，也在逐步民族化，与中国传统音乐相融合，形成现代新音乐的中国风格。可见，中国传统文化具有多么顽强的生命力！而鼓浪屿的现代新音乐，则具有闽南文化、海洋文化和华侨文化的多种元素。

对人对事，都必须一分为二；对于文化艺术，则必须拿起批评武器，达到理论升华。我想，我们必须负起"史责"，特别是厦门大学、集美大学都已经设置音乐院系多年，厦门有一批高水平的音乐记者和音乐研究人员，厦门市文联、市音乐家协会，可以经常举行资料征集座谈会，进行田野调查，广泛发动专家、学者、读者，集思广益，写出鼓浪屿音乐史、厦门音乐史来。这不仅对于厦门的音乐工作，而且对于福建音乐史、中国音乐史的研究都将作出自己的贡献。这样，我这本小书，就真的能成为引玉之砖了。

2009 年 11 月 2 日

鼓浪屿

目录 音乐

CONTENTS

第三章　鼓浪屿音乐家庭